Art & English Education

アートで英語を学ぼう！
英語でアートを楽しもう！

ひぐち かずみ

三恵社

Art & English Education ■ 目次

はじめに ………………………………………………………………… 3

1 アートで英語を学ぼう！　4

2 英語でアートを楽しもう！　6

3 アート鑑賞　8

4 こんな効果が期待できる　12

5 環境の中で　15

6 英語の場づくり　18

7 授業のアイディア　23

Column ………………………………………………………………… 29

8 おすすめの授業の題材　30

Coffee Break ………………………………………………………… 42

9 先生・保護者の方必見！
　子どもに話しかけてあげる英語のフレーズ
　使える英語の玉手箱　44

おわりに ……………………………………………………………… 46

はじめに

　私たちはアートにふれることで感情が動いたり感動を覚えたりします。そういった心の動きは言葉になる以前の段階で起こります。感動を他者に説明して共有したいと思う時、わき上がる思いを言語に変換していくことが必要になります。アート教育の中で感動を何とかして言葉にしていく過程があるとすれば、そこに外国語教育としての英語活動を取り入れていくことは互いの学びの特性上相性がよく、とてもぴったりくるのではないでしょうか。

1 アートで英語を学ぼう！

　アートで生活を楽しく豊かにできることは、無限にあります。
　アートはもともと生活の中の楽しみですから、普段使う物が美的なセンスにあふれていたり、ふと立ち止まった場所にアート作品などがあったりすると、ちょっと豊かな気持ちになります。
　学習の活動や環境もアートを組み合わせることで、生き生きとして楽しくなります。素敵なアートを学習と環境の中にいろいろと取り入れていくことができたら嬉しいですね。
　あまり興味のない分野の勉強や難しくて退屈してしまう本でも、美しいアートの力は、それらをとっても魅力的に感じるものに変身させます。それで興味をそそられて好きになると、もっともっと知りたくなっていきます。
　アートの力には思いがけなくすごいものがあり、近年の研究ではアートによってさまざまな感覚や知能・知性が育つと言われています。ノーベル賞を受賞した多くの学者たちが、アートにも造詣が深かったそうです。
　アートの教育には上手に絵を描くだけじゃなくて、素敵なものを見つけたり、気になった対象を好きなだけジーっと見つめたり、お気に入りのものを飾ったり、いろいろな楽しみ方があります。そういった活動すべてがアートの時間です。その中に柔軟に英語を取り入れていくと、いろいろなアイディアが生まれてとても面白くなります。
　また授業をする先生にとっても、活動全体を俯瞰して子どもた

ちの反応を予想しながら英語の活動を入れるところを考えることになるので、一つ一つの場面の学びを見つめ直すよい機会になると思います。

　本書はアートと英語を組み合わせて、楽しく学んで豊かな感性を育てようという、幼児・児童・生徒の教育に携わる方や保護者の方に向けたヒント集です。

2　英語でアートを楽しもう！

　現在の私たちは毎日の暮らしの中で、自分でも知らないうちにたくさんの新しい英語の言葉を当たり前のように使っています。英語は毎日の生活の中でもだんだんと必要な言葉になってきているのです。

　英語が話せるようになったら、外国の友だちともおしゃべりができて世界が一気に広がります。子どもたちの英語活動については、学校でもさまざまな授業研究がなされていますが、アートを思いっきり楽しみながら英語もアートの力で楽しく身に付けることができたら嬉しいでしょうね。アートと語学の授業を結び付けたり、アートとサイエンスを結び付けたり、複数の教科で同じテーマを持たせつつ各教科の特性をいかした学びのプロジェクトを行う学校が、世界中で増えてきています。

　「芸術」と「言語」。どちらも国の文化や歴史をかかえているので、国際理解教育としても結び付きやすく、アレンジの多様性を秘めています。

　アートと英語を組み合わせた活動の中で、子どもたちが「何だか楽しいな」とか「もうちょっと続けたかったなあ」という気持ちになること。また海外の人と「仲良くなれた」と感じることは英語を身に付ける大きな原動力になると思います。

　となると、アートと英語の組み合わせはぴったりなのです。

　日本の図画工作科の学習指導要領においては、特に鑑賞の分野で「自分の思いを語る、友達と共に考える、感じたことを確かめ

るなどを通して、自分自身で意味を読み取り、よさや美しさなどを判断する活動の充実を図る」「暮らしの中の造形や我が国や諸外国の親しみのある表現などに関する学習では、作品などのよさや美しさを主体的に味わったり感じたりすることを重視する」とあります。これらのことからもコミュニケーションを主とする言語活動を大切にした教科、そして国際理解教育としてもアートは重要な教科といえるでしょう。

　そうした意味では、外国語活動や言語教育に一番近くて、なおかつ外国語に対する苦手意識を低くしてくれる重要な役目もありそうです。

3 アート鑑賞

■ 絵本で英語にふれよう（1）

『ABCの本』（『ANNO'S ALPHABET』）

　きれいな色の絵本や仕掛け絵本、美しい風景の絵本に親しんだ記憶は、子どもたちにはかけがえのない宝物のような思い出になります。よく大学生に思い出の絵本の話をしてもらうのですが、多くの学生が子どもの頃に臨場感たっぷりに読んでもらった絵本や、何回も読み返したお気に入りだった絵本の話をしてくれます。

　私自身がとても好きで、子どもたちに見せていた絵本に安野光雅氏の絵本があります。子ども向けのほとんど文字がなく絵を楽しむページから、大人向けのシニカルでウィットに富んだページまで、いろいろなシリーズがあります。

　安野氏はもともと教育熱心な学校の先生だったこともあってか、絵に子どもたちへ伝えたいメッセージがこめられているような気がします。

　子どもたちが初めて英語にふれる時期に読んでほしい本に『ABCの本』があります。一文字一文字、その字に因んだ美しい絵がレイアウトされた本です。
子どもたちが夢中になって見ているのはもちろん、一緒にページをめくる大人の方も、その絵の中に知っている単語で始まる絵を見つけると「ふふふ」と嬉しくなります。

『ANNO'S ALPHABET』というタイトルで翻訳版も出ていて、アメリカやカナダの小学校や地域の図書館でもよく見かけます。この本で素敵な絵を鑑賞しながら英語にも親しめることでしょう。

福音館書店　1974 年発行、ISBN：9784834004342

■ 絵本で英語にふれよう（２）

『はらぺこ　あおむし』（『The Very Hungry Caterpillar』）

　小学生から大学生まで、小さい頃に楽しんだ絵本の人気ランキング上位にくる本です。

　メインキャラクターのあおむしくんの愛らしさはもちろんのこと、コラージュで描かれた美しい鮮やかな絵にも夢中になったことでしょう。

　食べ物の絵も見事にどれも美味しそうで、子どもたちもあおむしくんと同じように「おなかいっぱい食べたいなあ」と思って読んでいるのかもしれません。

　何度も何度も読んでいる大好きな本ですから、子どもたちはストーリーも十分に頭の中に入っています。

　同じ本の英語版も是非並べて置いてみてください。

　子どもたちはいつのまにか無理なく日本語版と英語版の言葉を比べはじめます。

　そうなったらしめたものです。（＾＾）

この本の作者エリック・カールの絵本美術館が
マサチューセッツ州のアムハーストという
とても美しい街にあります。
そこには世界中からたくさんのファンが訪れ、
子ども向けのワークショップなども開催されています。
『はらぺこあおむし』の絵本のような
コラージュを体験できる企画などもあるようです。

THE VERY HUNGRY CATERPILLAR
Philomel Books　1994年発行、ISBN:9780399226908

はらぺこあおむし
偕成社　1976年発行、ISBN：9784033280103

4 こんな効果が期待できる

　2011年度から外国語活動が小学校高学年に導入されました。また2020年度からは中学年から全面実施となります。さらに高学年では外国語科という教科としてのスタートとなります。各学校で、さまざまな工夫をしながら多様な授業が行われています。ネイティブスピーカーの先生に一任される学校もあれば、担任の先生がしっかり勉強して授業を企画しているところもあります。幼稚園・保育園でも常勤や非常勤のネイティブスピーカーのもと、英語にふれる活動を行う園が多いようです。

　幼稚園や保育園、学校、公共の施設での英語活動を実際に参観してみると、英語を使ってのアクティビティーの時間中、子どもたちはとても元気で活発な様子でした。英語の持つリズミカルなイントネーションや受け答えは、楽しい雰囲気づくりにとてもよい効果があるようです。幼児や児童の造形活動や図画工作の授業では、「楽しさや喜びを味わう」ということは重要な教育目標の一つです。英語活動がぴったりとくる造形教材を使いながら両方を楽しくエネルギッシュに行うことができたらとてもいいですね。

　私が実際に小学校で授業を行ってみて効果を感じた造形活動や、教科書の題材の中で、アメリカのナーサリーやキンダーガーデンの授業の様子からヒントを得てアレンジした教材などをご紹介します。

「図画工作科は集中して 静かにやった方がいいんじゃないですか？」

　研究会ではこのような意見がたくさん出されました。確かに制作中はじっくりと自分の思いと向き合い、制作に没頭することも必要です。ですからそのような時間はちゃんと十分に確保した方がいい時もあります。でも、子どもたちは図画工作や造形の時間中ずっと静かに制作をするわけではなく、友だちと一緒に感想や感動を口にしたり、先生に素材や道具や色の使い方などの相談をしたりするといったやり取りがあります。また友だちの絵をみんなで鑑賞して対話するといったさまざまな言語活動があるので、英語活動の視点から見ると取り入れるチャンスがたくさんあると思うのです。自分が感じたことを言葉にして、まるで確認するように、制作中に歌ったり独り言を言ったりする子どもたちもいます。言葉にしてとらえることが可能なさまざまなアクションを含むアートの時間に英語を取り入れる工夫は、きっと子どもたちの方がずっと柔軟にとらえて楽しんでくれることでしょう。

　子どもたちとずっと一緒に過ごしている学級担任の先生や保護者の方々は、子どもたちの反応や興味関心をよくご存じです。適切な活動を選んで取り入れることができれば、逆に英語活動の応用編としてのアート活動を行っても面白いと思います。

　今、教科を越えて結び合う教育が重視されています。アートはどの教科にも寄り添うことができる多くの可能性を秘めた教科であると考えます。

5歳児の粘土の作品（2008年、ニューヨーク市）

5 　環境の中で

　毎日の家での暮らしの中にも、ちょっと視点を変えてみるだけでアートと英語を結び付けられる効果的なアイディアやヒントがあります。子どもたちと一緒に過ごしていて思いついたいろいろな楽しい活動や、本書の中でこれは使える！　と思われたことをどんどん普段の生活の中に取り入れていただけたら嬉しいです。また地域や公共の施設でのワークショップなどを主催される際にも是非ご活用ください。

　スマートフォンを小さい頃から使っている若い方々は、日頃目にしたり耳にしたりする外国の言葉を全く抵抗なく会話の中に取り入れていますね。新しい言葉でも普段の生活の中でふれる機会が多いと、何度も思い出して定着していきます。
　小学生の頃、習った漢字や言葉を書いて、教室やリビング、自分の部屋の見えるところなどに貼っておいたことはありませんか？　普段から目にしたり口に出したりしていることは、すぐに覚えてなかなか忘れないものです。
　せっかく習った英語も、使わないとあっという間に記憶の奥の方にしまい込んだ言葉になってしまいます。
　そうなってしまうと、使いたい時になかなか口から出てきません。
　英語を使えるツールにするためにはどんどん活用した方がいいのです。授業の中でもどんどん話して使える言葉にした方がいいし、普段の生活の中の見えるところにちょっとあるといいですね

（授業で習った新出漢字のように）。

　前のページで英語を使える︙ツ︙ー︙ル︙に︙と書きましたが、アートの時間には、実はいっぱい英語を使うチャンスがあるんです。

　つぶやいたり、友だちと作品や作り方のことを話したり、先生に相談したり、質問したりすることが他の教科よりも多いですよね。また、その場でほめてもらうなどといった、嬉しいことも多いですよね。

　すごいと思う作品や好きな作品のことを話す時間もあります。先生が設定した英語の場では、英語をちょっと使ってみるといったこともできるのです。

　ネイティブスピーカーのゲストを授業に招くチャンスがあれば、授業をちょっと手伝ってもらって、英語を話す場づくりをするのもいいと思います。材料を配ってもらったり、作品を見てほめてもらったりすると、英語による生きたふれあいをしやすいです。ネイティブスピーカーの方に「授業をしてください」と頼むと、それなりに準備や下調べ、学習内容の研究などに多くの時間を使わせてしまうことになります。でも、ただのサポートであれば、見学もかねて喜んで来られる方も多いことでしょう。子どもたちには何かをしてもらったり、ほめてもらったりしたらマナーとして「Thank you.」「I am glad to hear that.」「I appreciate it.」などを言うように伝えておきます。ただニコニコするだけでは気持ちが伝わらないので、必ず声に出すことが大事です。

　ネイティブスピーカーのゲストがいてくださるだけでその場を自然と英語を使う場に変えやすいですが、それが難しい時には、英語を使う場や時間をあらかじめ設定してみるのが効果的です。

そのことについてはまた別の章で述べることにします。

6 　英語の場づくり

■ 教室で

　幼児や児童は、一日の多くの時間を担任の先生と一緒にホームルームで過ごしています。ということは、そこに英語の場や活動を設定するたくさんのチャンスがあると言ってもいいでしょう。以前見たアメリカのテレビドラマに、私立学校の美術教師を主人公にしたシリーズがありました。彼女の職場のアートルームはカラフルな色彩の作品が掲示してある、とても印象的なものでした。また、室内の各エリアに一文字が顔の大きさほどもある大きな字で「DRY（乾燥させる場所）」「WASH（洗い場）」「MATERIAL（材料置き場）」などのきれいな手作りの表示が出してありました。

　小学校の外国語活動はコミュニケーションや会話の学習が主な内容ですが、このような美しいフォントで作られた表示が教室の中にあると、五感を刺激されることでフォニックスの理解も進みますよね。一緒に文字を指しながら読む必要はなく「先生がWASHと言っている。ああ、これがWASHなんだ」という個々の気付きでいいのです。

　英語に限ることはなく、国語で「洗」という漢字を習ったら、しばらく「WASH」という表示を「洗いば」に変えたらよいと思います。

　「EXIT」「TEACHER'S DESK」「WHITE BOARD」なども時々

貼り付けておくと、子どもたちは「おや？」と見ることでしょう。
さりげなくが大事です。興味を持っている子にお願いするのもいいでしょう。あらかじめ用意しておいたアルファベットの枠にクレヨンや絵の具で着彩するのはとても楽しいものです。そうして自分が描いたアルファベットの飾り文字が教室に掲示されるのは子どもたちにとって大きな喜びとなることでしょう。

　できあがった飾り文字はラミネート加工したり、厚紙で裏打ちしたりして、何回も使ってあげたいものです。

■ 授業の流れの中で

　造形活動や図画工作の授業の中では、英語を使う場をはっきりと設定して、楽しみながら英語を使う体験をするといいです。

　毎回は難しくても、英語を取り入れたアートの時間を定例化すると、子どもたちにも浸透して定着してきます。数回行ったら子どもたちの方から元気な英語のあいさつが飛び出してくるようになります。発音の間違いなどは直したりせず、まずは言葉に出して言えたことをほめてあげたいですね。

> （授業の展開）英語活動を取り入れていくところの例
> 1．はじまりのあいさつ「あいさつ」「英語の歌や習ったことの復習」（知っている英語の言葉でリズムのウォーミングアップ）
> 2．制作・材料の名前（簡単な表示もする。手書きで OK）
> 　・色、材料や道具の英語の名前の紹介
> 　・動き（教師が実際にジェスチャーをしてみせる）
> 3．鑑賞する時（毎回一つずつ新しい英語の表現を使ってみよう）
> 4．後片付け「クリーンナップタイム♪」（音楽・歌を歌いながら）
> 5．おわりのあいさつ「英語であいさつ」（退出の音楽で）

■ ご家庭で

　子どもたちは家の中に自分が一生懸命に描いた絵や工作を飾ってもらえると、自分が周りの大人から大切に思ってもらっていることを感じてとても嬉しい気持ちになるそうです。是非リビングや階段の壁、玄関など、普段生活をしているエリアで何度も目に入るところにきちんと飾ってください。

　本人は見ていなそうにしていても、思いをこめてしっかりと向き合いながら制作した作品たちですので、飾ってあることをちゃんと確認して何度も見ています。絵のタイトルを日本語と英語でつけてみてもいいし、家族が感想などを英語でコメントしてみるのも面白いと思います。

　英語が堪能なお客様がいらっしゃったらコメントを英語で書いてもらって横に添えておくといいですね。「何て書いてあるの？」と興味津々で聞いてくることでしょう。

■ お友だちを集めて

　今の時代、100円ショップでも簡単な描画材などさまざまなアートの材料が手に入ります。近所の友だちやクラスメイトが家に集まったら、時にはみんなでアートワークを楽しむのもよいと思います。環境や体に悪いものを使わない粘土やクレヨンなどもいろいろ出ていますので、大きな紙をテーブルいっぱいに広げて何か作ったり書いたりして楽しみましょう。
　おしゃべりしながら、英語で材料の名前あてクイズなどをしてもいいし、「Look!」と言ってできた作品をみんなで見て楽しむのもいいですね。
　こんな時間に色や道具、材料などを英語で言えるようにしておくと、英語で会話を始めた時にずいぶん学習のハードルが低くなるものです。
　活動中は、できるだけ子どもたちの名前を先に呼んでから話しかけるようにしましょう。アメリカではファーストネームで呼び合いますが、大人は子どもたちやその友だちを呼ぶ時、実に優しく親しみをこめた声で毎回呼びかけていて、また子どもたちもそれが嬉しそうでした。

7 　授業のアイディア

　図画工作の授業の中に英語が入るとどうなるか、心配もあると思います。「余裕があれば習った英語を先生や友だちをまねしたりして使ってもらおう」というくらいに考えて、子どもたちにはリラックスして制作してもらうために、私は「いつもの図画工作の時間と同じだよ」と伝えていました。図画工作科の専科教員だった頃は、英語の専科教員や学級担任の先生と事前に相談して、学習したフレーズを授業の中に取り入れていました。また英語活動の時に子どもたちが気に入って、何度も使っていたリズムや音が面白いフレーズを書き出して、タイミングよく図画工作の時間に使うと「あ、こんな時も使えるんだ」と気付いてくれます。アメリカのティーンエイジャーもよく使うほめ言葉「Cool!」とか「Awesome!」などがあることを伝えておくと、将来SNSなどでやり取りをする時にも使えますね。

■ モダンテクニックの表現

　モダンテクニックはアートの中でも英語ととても相性がいいものだと思います。いろいろなダイナミックなアクションが制作の中にあるので、五感を使ってアートと英語活動を楽しむことができるようです。

- ドリッピングと吹き流し（P.25）
- コラージュ（P.26）
- マーブリング（P.27）
- スパッタリング（P.28）

　ニューヨークの美術学校で現代美術を学んでいた日本人の友人が、「現地で学んだ時に先生の英語の表現や指示と絵画のアクションがピタッと来る感覚がした」と話していました。現代美術と学校で習うモダンテクニックを同じだと考えるのは乱暴かもしれませんが、私も授業をしていて、子どもたちが楽しくはずむように英語を使いながら、生き生きといいはじけ方をしていたことを思い出します。

　終始にぎやかでしたが、ただ騒いでふざけているのではなく、表現を思いっきり楽しんでいる感じが伝わってきました。

A　ドリッピングと吹き流し

　ドリッピングはアメリカを代表する抽象画家ポロックが多用したことでも知られていますが、絵の具を「したたらせる」ことで動きのある画面作りをするのに最適な技法です。吹き流しは、絵の具がたまっているところに息を強く吹きかけたりストローなどで吹いたりして絵の具を線状に広がらせる技法で、ドリッピングの一種ともいわれています。吹く強さや角度によって広がり方が変わってきます。思いがけない色や形のバリエーションに心が躍るような感動も生まれます。子どもたちの作品を見ながら「Wow!」とか「That's wonderful!」「That's great!」などとこちらもリズミカルに反応して頑張りを認めたいものですね。それから「What do you see?(これ、なにに見える？)」などと見立て遊びのような鑑賞活動に導いていくのも面白いですね。このような言葉を使うことで、子どもたちは作品を見るという活動に引き込まれていくことでしょう。

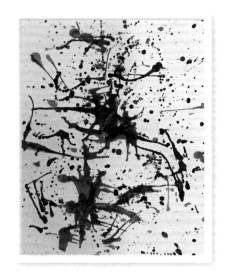

B　コラージュ

　「色で遊ぼう」という4年生の授業をした時に色紙をちぎって白い紙に貼り付けていきました。台紙を小さくしてメッセージカードにする子どもや、大きな紙にダイナミックに貼り合わせていく子どもがいたりと、スタートはさまざまでした。この日はアメリカ人の英語の先生が授業参観に来ており、子どもたちの絵を見ていっぱいほめてくださいました。子どもたちから「英語でほめられると何だかとても嬉しい」という感想がありました。次の時間に「ほめる英語表現をたくさん覚えて、友だちの絵を自分も英語でほめてみよう」と言うと、子どもたちは先生の言葉をそのまま使ったりアレンジしたりしながら、きれいな発音で友だちの作品を心をこめてほめていました。図画工作は言語活動もとても大切にする教科です。英語の持つニュアンスを感じ取りながら使えるようになるといいですね。

2011年、小学4年生の授業（福岡市）

C　マーブリング

　溶き油で溶いた油絵の具やマーブリング用の絵の具を、できるだけ沈まないようにそっと水面に置くか、フロートという水に浮かぶ小さな紙を置いてその上に数滴たらします。竹串でそっとかき回したり息を吹きかけたりして模様をつくり、紙を上からあてて、できた水面の模様を写し取る技法です。絵の具の模様づくりまで、一つ一つの動作を英語で言うととても印象的になります。紙に写し取る時は歓声が上がるので、その感動を英語で言ってみるように促すと、大きな声で英語が飛び交うこと間違いなしです。

2018年、高校生の授業（福岡県太宰府市）

D　スパッタリング

　金網とブラシを使って絵の具を飛び散らせると、細かい粒子がぼかしたような風合いをもたらし、型紙をずらしたり色を重ねたりすることで色の濃淡のグラデーションを楽しむことができます。
「Rub it with a brush.（ブラシでこする）」
「Shift and slide the template.（型紙をずらす）」
「Repeat with different colors to layer it.（色を重ねる）」などの動作を英語で確認したり、「Paint splashes.（絵の具が飛び散る）」「Light and dark shades come out.（濃淡が出る）」などシチュエーションによって使い方に新しい発見がある単語もあり、新鮮に感じることと思います。

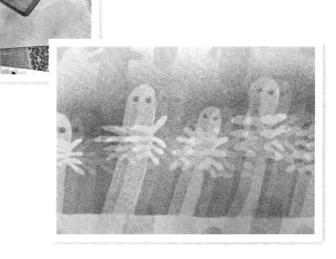

「先生のスタンプ」―子どもたちはとても喜びます―

　学校専門の文具屋さんには、先生のためのたくさんの「検印」があります。「見ました」「がんばったね」「よくできました」など。

　むかし学校でノートにぺたんと押してもらったことを覚えていらっしゃる方も多いのではないでしょうか。今ではご家庭でも学校の宿題や学習内容をチェックすることも多いでしょうし、お子さん自身で課題の丸付けをすることもあると思います。

　そんな時におすすめなのが英語の検印です。私はアメリカの教材店で購入したものを使っていますが、消しゴムを彫刻刀で彫って板にくっつけた手作りの物も温かみがあり、おすすめです。

8 おすすめの授業の題材

A 粘土制作

　近年の紙粘土の種類の多さに驚かれたことはありませんか？とても質のよい軽いものから、焼いて固くすることができるものまで、いろいろな粘土があります。幼児だったら自作の小麦粘土などが安心ですね。粘土制作にはさまざまな動きを伴うので、多種多様の英語表現が使えます。
「What's this?（これはなあに？）」
「What did you make?（なにを作ったの？）」
という質問に答えて、作ったものを英語で表現してみたり、友だちに英語で紹介したりする場もつくることができます。私は幼稚園児から大学生までいろいろな年代に授業をしましたが、その成長に伴ってこだわりや生活経験が表れてくることがよく分かる大変おすすめの教材です。
「knead（こねる）」
「stretch（のばす）」
「press the cutter（型を抜く）」
「roll（丸める）」

2010年、小学2年生の授業（福岡市）

中学生(左上)、小学2年生(右上)、大学生(下2つ)の紙粘土の授業での作品
(2010年から2018年、いずれも福岡県)

B　ローラーで遊ぼう（教科書に沿って）〈研究授業として実施〉

　小学校5年生とローラーを使って描く授業をした時、子どもたちの口からたくさんの英語が飛び出してきました。できあがった作品は、どれもとても元気よく色がはじける楽しいものでした。この授業は開隆堂の高学年の教科書に沿ったものでしたが、学習の目標も十分達成できていて、なおかつ子どもたちにとって楽しかったという思いがずっと持続できるものになりました。図画工作室から教室に戻ってきた子どもたちが興奮気味に授業のことを話してくれた様子を、担任の先生が教えてくれました。

　教師がローラーの動きを見せながら英語を使い、それを全員で確認するようにすると分かりやすいです。

2014年、小学5年生の授業（福岡市）

ローラーの動きの例
「tap tap（ポンポンとたたく）」
「straight（まっすぐに）」
「curve（ぐるっと曲がる）」
「stamp, press onto 〜
　　　　　（スタンプするように）」
「mix the colors
　　　　　（絵の具を混ぜる）」

C　できた作品に英語でタイトルをつけよう

　小学校高学年、中学生になったら、作った作品に英語のタイトルをつける児童、生徒が多くなります。大学生と授業をしていても、多くの学生が英語や韓国語などで作品に凝ったタイトルをつけます。自分がその言葉に感じるニュアンスが作品とぴったりくるのでしょう。聞いてみると「響きがかっこいいから」という声も聞かれます。どちらにしても自分が一生懸命に制作した作品に外国語でタイトルをつけるとなると、結構真剣に語句を調べて考えているようです。

タイトル「Beautiful Sunset」2019年 福岡県

D　おはながみの貼り絵〈研究授業として実施〉

　入学式などに飾る花を作る紙を「おはながみ」と言い、たくさんの種類の色があります。それを使って画面にいろんな色や形の紙を貼り付けていく授業をしました。「wad it up（紙を丸め）」たり「tear（ちぎっ）」たりして「glue it（画用紙に貼り付けて）」描いていきます。制作につながる動作を英語で示して声に出しながら作って楽しみました。白い画用紙の台紙に、さまざまな紙を貼り付けて色が入りだすと、子どもたちはいろいろなアイディアがあふれ出し、画用紙をたくさんの紙でもっと飾りたくなります。教師のところに新しい紙を取りに来る時には「Red paper, please.」「May I have two sheets of paper?」などと言って英語でやり取りをする体験型のコーナーを作って、会話ができるように仕組みました。教師も大きな声でバリエーション豊かに楽しく対応しました。

追加の紙を教師が渡すときの表現の例

Here you are.
There you go!
Absolutely!
Sure, here you are.
Yes, here you go.
Did you say (yellow)? Here you are!

2013年、小学校の授業(福岡市)
(おはながみの貼り絵、共に1年生)

2015年、小学校の授業(福岡市)
(ハイブリッド動物を考えて…、共に3年生)

E　ハイブリッド動物を考えて面白い英語の名前をつけよう
　〈研究授業として実施〉

　動物の写真のスライドを見ながらその名前の英語での呼び方を確認した後、動物どうしを組み合わせたびっくりするような想像上のハイブリッド動物を描こうと提案しました。せっかく面白い動物を考えるのだから、英語の名前もハイブリッドで命名することにしました。例えば英語の名前がライオンとドラゴンとラビットだったら「ライドラビット」といったぐあいに、リズムよく重ねて名前をつけます。動物の絵も面白く魅力的なものがたくさんできあがりました。想像がどんどん膨らんで 10 もの名前を組み合わせた動物もできました。知りたい動物の名前を図書館の資料やタブレットを使って調べるといいですね。教師に動物の名前を尋ねる時は画像を指して「What's this animal?」と英語で聞くようにするなど、必要に応じて英語を使う体験をすることが大切です。

授業の展開例
1. 好きな動物の紹介「I like cats.」「I like rabbits.」
2. 動物の名前を英語で言えるかな？スライドを見ながらあてっこをする。「lion」「zebra」「horse」「koala」など
3. 動物を組み合わせて、面白いハイブリッド動物を描くことを提案する。
4. 英語名を組み合わせて、考えた動物に名前をつけさせる。
5. 組み合わせたい動物の名前を教師に聞く時は、英語で聞いてみる。
指さして「What's this animal?」「What's the English name of this animal?」「What's this animal in English ?」
6. できあがった作品をみんなで鑑賞して楽しむ。
気に入った友だちの絵を英語で紹介する。「I like this LIDRABBIT! (Lion + Dragon + Rabbit)」
7. できあがったみんなの絵を掲示して「楽しいおもしろ動物園」の展覧会をする。

F　クラスの目標

　今までたくさんの小学校や中学校の授業参観に行きました。教室に入って最初に飛び込んでくるのは、前に掲示してあるクラスの目標です。クラスの目標や学級通信のタイトルを英語で表現される先生も多くいらっしゃいます。もし子どもたちがアルファベットに興味を持っていたら画用紙や厚紙で大きなアルファベットを作り、そこに何人かでデザインしながら色をぬることを提案してみてください。クラスの目標などの英語の言葉や文の中に自分たちが描いた作品を見続けることができます。とても素敵なことだと思いませんか？

G　外国のお友だちの絵（写真）を見て友だちになろう

　以前勤務していた小学校では、ネイティブスピーカーの先生が英語を教えていました。彼女の故郷であるテネシー州の小学校から絵画の交流をしたいと申し出がありました。今は簡単にネットを通じて画像を送り合うことができる世の中です。でも、やはり素材や描画材の質感が分かる本物の絵を見ることで、子どもたちはその作品が持つパワーのようなものから何とも言えない感動を受けるようでした。

アートは文化・言葉も文化

　アートも言葉もお互いに国や地域の文化に深く根付いたものです。絵を通して描いた人の心の中や生活背景を想像して楽しんだりすることもできます。

　海外に住む同年代の子どもたちの絵を一緒に鑑賞すると「お手紙書きたい」「私たちも絵のプレゼントをしたい」ということになるんです。そんな強いモチベーションの感情があると、子どもたちってとても頑張るんですよね。

　ネイティブスピーカーの知り合いを探してきたり、隣のクラスの帰国子女の同級生に英訳を頼んだり、簡単に翻訳ソフトで訳したりしてしまわないで、できるだけ手間をかけた方がいいと思います。先生も一緒に悩んで子どもたちの頑張りをほめてあげたいですね。そうやって頑張った末に相手とつながった時の喜びがあると、英語を学ぶ価値を体感できると思います。アートの力ってすごいと思いませんか？　相手のことを思い浮かべる時、その子が描いた絵も思い出されているんでしょうね。

アートは、五感を使ってしっかりと「見て感じる」活動です。英語と結び付けることで、英語はとても印象深く心に刻み付けられていきます。

アメリカの子どもたちの絵を鑑賞する
4年生の子どもたち（2011年、福岡市）

違う素材の紙に着色してコラージュした作品
小学校3年生　アメリカテネシー州

短大の学生がインスタグラムで大好きな猫の画像を見ながら、海外の同じ年くらいのお友だちと楽しそうに英語でやり取りをしていました。即時にやり取りができる鑑賞会ですね。思ったことが伝わるように一生懸命に英語を組み立てて工夫していました。きっと、あっという間に英語でのやり取りに慣れていくことでしょう。一つの絵や写真で心を通い合わせることができるって素晴らしいことです。アートをきっかけに英語でつながる国際交流ですね。

（画像は許可を得て撮影しています）

H おりがみ(ORIGAMI)

　おりがみはどこの国に行っても喜ばれる日本の伝統文化です。現在世界中に多くのファンがいて、中には達人級の方もいらっしゃるくらいです。「KARATE」同様に「ORIGAMI」のスペルは世界中に浸透しています。そんなおりがみの時間を英語で楽しめるととてもいいですね。外国人のゲストがいる時などがあれば一緒に楽しむことができ、とてもよい国際文化交流の時間になるでしょう。

「fold(折る)」「open(広げる)」「fold it in half(半分にたたむ)」「make a crease(折り目をつける)」

ちょっとコーヒーブレイク ☕

　本書のイラストを担当してくださっているアメリカ人のティムさんは、お料理も上手です。時々子どもたちとアメリカのお菓子を一緒に作って楽しませてくれます。アメリカのお菓子にバックアイズ（鹿の眼のお菓子）というピーナッツバターとチョコレートで作るお菓子があります。確かにかわいい鹿の眼のような見た目です。簡単で濃厚、濃いお茶やコーヒーによく合います。
（ただし食べすぎは厳禁ですよ。カロリーを想像すると怖いので。）

BUCKEYES レシピ

Ingredients（材料）

クリーミーピーナッツバター（粒なし）　2カップ
有塩バター　½カップ
三温糖　大さじ2杯
バニラエッセンス　小さじ1と¼杯
粉砂糖　3と¼カップ
ダークチョコレート　340グラム

How to Make（作り方）

(1) ダークチョコレート以外の材料をよく混ぜる。均一になったら一つに丸くまとめて直径4センチくらいのボール型にして皿に並べる。
(2) 冷蔵庫でしばらく固める。（一晩くらいが最適です）
(3) ダークチョコレートを湯煎にかけてとろとろに溶かす。
(4) しっかり固まった（2）を竹串に刺す。
(5) 溶けたダークチョコレートに（4）をくぐらせてできあがり。

（ポイント）竹串を刺した周辺は、チョコレートがかからないようにするとかわいくできます。

9 子どもに話しかけてあげる英語のフレーズ
先生・保護者の方必見！
使える英語の玉手箱

A　Vocabulary note – ほめる –

It's wonderful.

These are good combinations.

Thant's very nice!

How marvelous!

Gorgeous!

Splendid!

Super!

That's awesome!

That's cool!

That's great!

It's so beautiful!

Terrific!

B Vocabulary note –認める・励ます–
You did great!
I'm very happy with your works.
It's perfect!
Good job!
It looks great so far.
One more time and you will have it!
You are getting better every day!
Nothing can stop you today!
I knew you could do it!
Keep up the good work!
Keep on trying!
That's it!
Way to go!
Nice going!

C Vocabulary note –共感する・うなずく–
Yes, indeed.
That's the way!
That's the kind of work that makes me happy!
I like your colors.
I like this color.
I like it.

おわりに

　海外で生活すると外国語の環境の中にどっぷりと入りこみますので耳から目から言葉が自然と飛び込んできて、さらに共同生活をするために必要な使える言葉をたくさんのセンテンスの中から必死に得ようとします。
　英語圏以外に住んでいる場合は、英語を学ぶ時にそれと似せた環境をつくることが大切ではないでしょうか。
　私の家族がアメリカに滞在した期間は上の娘は４歳から７歳まで、下の娘は２歳から５歳直前まででしたが、娘たちは行動をするために必要な言葉からしゃべるようになっていきました。上の娘はからかってくる子に面白く言い返す言葉。下の娘は遊びの輪に入ったり友だちを誘ったりするための言葉などです。それを見ていて私は、言葉を学ぶには必要な言葉を発するための体験ができるシチュエーションづくりは大切なことだと感じました。

帰国してから私は職場である私立の小学校の授業の中でことあるごとに英語を話すシチュエーションづくりをして、教え子たちと英語のタスク遊びを楽しみました。それにはアートの活動が一番ぴったり合っていました。なぜならアートも言語も文化を背負っていて、またお互いに影響し合っていろいろな学びがあるからです。子どもたちといつも一緒にいて、その子たちのことをよく分かっているお家の方々や担任の先生方は、どのタイミングでどういったフレーズを使っていけば効果的なのかが分かると思います。ですから、是非英語にふれられるたくさんの機会を子どもたちに与えて楽しませてほしいと思います。
　今後、ますます私たちが想像する以上に海外との垣根が取り払われ、文化が融合する時代になるのではないかと思います。子どもたちにはそんな中で他者と上手にコミュニケーションを取って活躍できる人、また思いきり人生を楽しむ人に育ってほしいと願っています。

（謝辞）

本の執筆出版に際しまして、三恵社の片山剛之様、執筆を勧めてくださった元・筑波大学教授宮脇理様、佐賀大学名誉教授前村晃様、「アートと英語活動を融合する授業」を研究分野として授けてくださった福岡教育大学准教授故草尾和之様に、心より感謝の意を申し上げます。また英語表現についてご協力くださったニューヨーク州シュライバーハイスクールのY. Huangさん、同州ポートワシントンPublic LibraryのESL教育責任者Peggyさん、どうもありがとうございました。

■著者：ひぐちかずみ

　13年間の公立の小学校教諭を経て、ニューヨークの日本人学校、その後日本の私立と国立の小学校・中学校で図画工作・美術の専科教員を歴任。現在、福岡女子短期大学の専任講師。アメリカ滞在中に幼児教育のアートの分野を研究し、二人の娘の幼児期は現地で子育てをする。帰国後も12年に渡りリサーチのために夏の間アメリカに滞在し、ESL教育、美術館や公共の施設でのアートプログラムやワークショップなどの実際を美術教育の学会で報告し続けている。また自身の授業の中に英語活動のタスクや英語でのやり取りを楽しむ体験活動を取り入れ、アートと英語の両方を楽しむことに効果的な授業展開を実践し研究している。

■さし絵、表現指導：Tim Wagnitz

　アメリカノースキャロライナ出身。幼少の頃からアニメーターになる夢を持ち続けている、絵が上手な英語の先生。10年以上に渡り、英会話講師として幼児から大人までさまざまな指導法を実践し、近年は大学・小中学校・美術館と活躍の場を広げている。

Art & English Education
アートで英語を学ぼう！ 英語でアートを楽しもう！

2019年7月8日　初版発行
2024年9月18日　3版発行

著　者　　ひぐちかずみ
定　価　　本体価格 1,620 円＋税
発行所　　株式会社　三恵社
　　　　　〒462-0056 愛知県名古屋市北区中丸町 2-24-1
　　　　　TEL 052-915-5211　FAX 052-915-5019
　　　　　URL http://www.sankeisha.com

本書を無断で複写・複製することを禁じます。乱丁・落丁の場合はお取替えいたします。
©2019 Kazumi Higuchi　ISBN 978-4-86693-097-8 C1037 ¥1620E